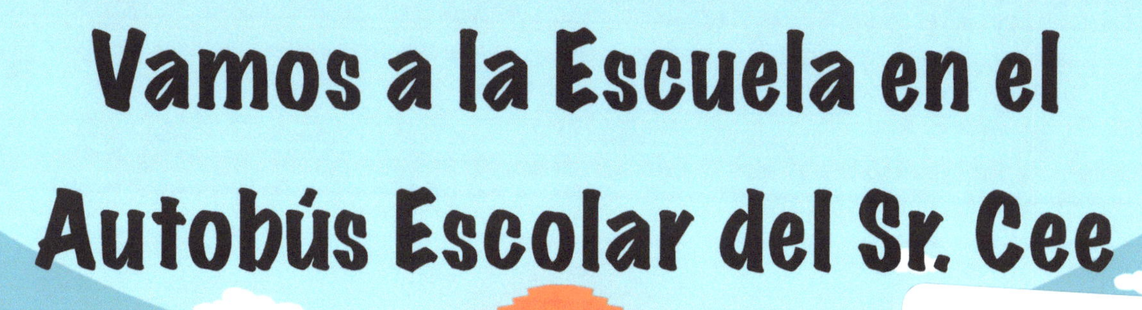

Vamos a la Escuela en el Autobús Escolar del Sr. Cee

Escrito por Carluse Baird

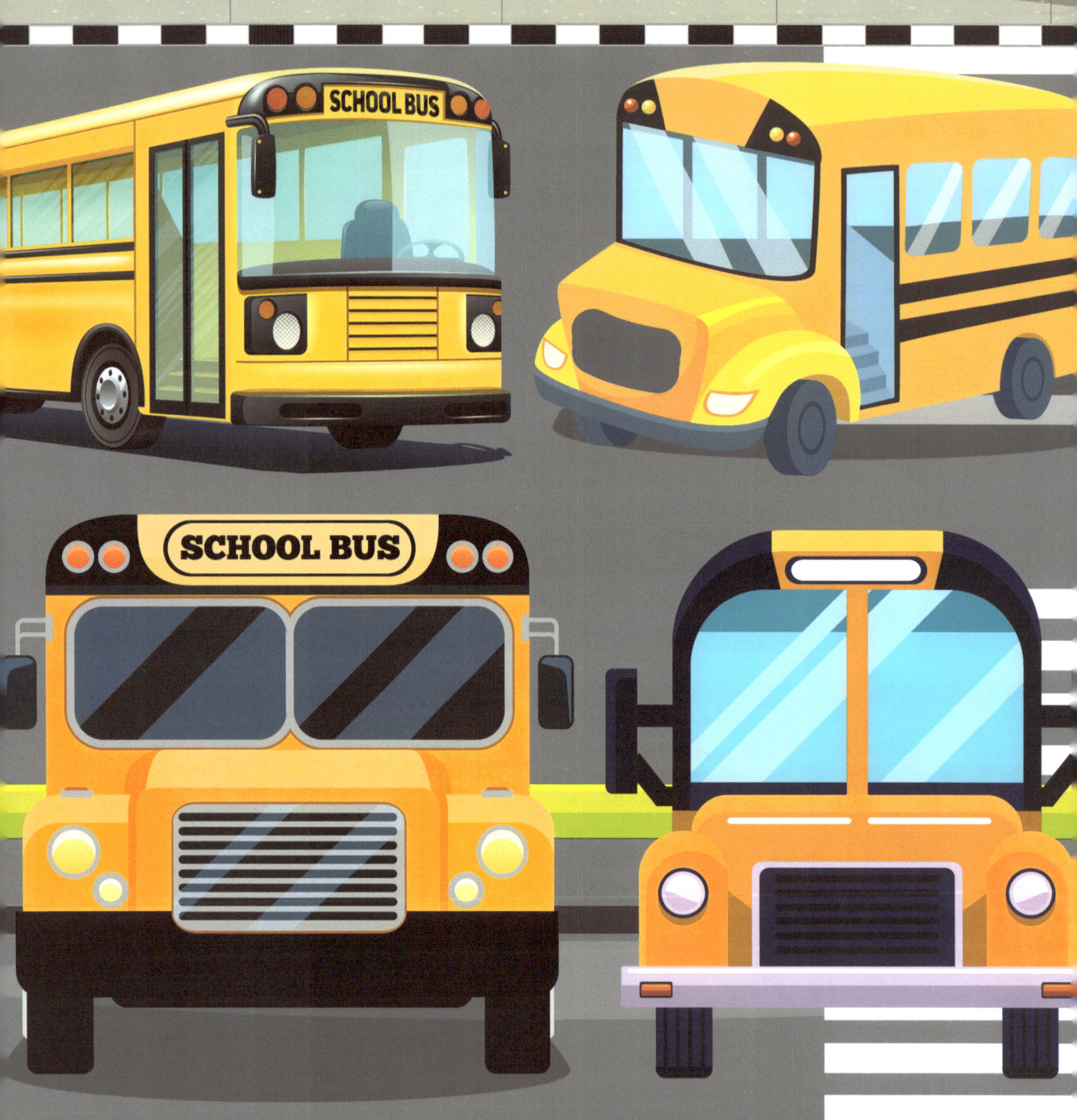

SCHOOL BUS
SCHOOL BUS

DEDICATORIAS

Este libro está dedicado a todos mis nietos. También le quiero dedicar este libro a todos los niños que toman el autobús todos los días. Por último, pero no menos importante, quiero dedicar este libro a todos los conductores de autobuses escolares comprometidos y responsables y los cuales ayudan a transportar esta valiosa carga a la escuela y al hogar de forma segura diariamente.

¡Gracias! ¡Gracias! ¡Gracias!

Lo tomamos cuando hace calor
Lo tomamos cuando hace frío
Lo tomamos cuando llueve
Y cuando neva

ESCUELA
ESCUELA
SCHOOL BUS
ALTO
ESCUELA
ESCUELA

Toma el autobús escolar- Es un deber
Hacia la escuela todos los días- es la
única manera
Aprendemos. Jugamos. Cantamos
todo el día
Vamos de regreso a casa, solo para
regresar al otro dia

Tomamos el autobús escolar para ir a
la escuela todos los días.

SCHOOL BUS
LTO
4

Sube al autobús escolar y tomalo con
calma
Ahora callados-
Estamos listos para irnos
Subimos la colina y ahora hacia
abajo
Frenamos
Los escuchamos tronar
Las luces parpadean
Es hora de parar

ALTO
LENTO
VAMOS

¿En qué se parece el Autobús Escolar al Cuerpo Humano?

Los limpiaparabrisas son como las pestañas

Las luces son como los ojos

Los oídos son como la bocina

La señal de alto es como los brazos y las piernas

El motor es como nuestro cerebro

Los neumáticos son como nuestros pies

El cofre es como nuestra boca

SCHOOL BUS
ALTO

UN VIAJE CON REGLAS ES UN VIAJE TRANQUILO EN EL AUTOBÚS ESCOLAR HACIA LA ESCUELA

El Sr. Cee dice que un autobús escolar sin ruido es un autobús escolar seguro.

REGLAS DEL AUTOBÚS ESCOLAR
1. Mantenemos nuestro autobús limpio.
2. Confiamos en nuestro conductor de autobús.
3. Usamos nuestras voces interiores.
4. Escuchamos y seguimos las reglas.
5. Nos mantenemos sentados todo el tiempo.
10

Todos en el autobús escolar son
diferentes,
Pero unidos hacemos un equipo donde
todos trabajan
La palabra EQUIPO no significa "YO"
significa "TODOS".

ESCUELA
T
E
A
M

COSAS QUE DEBEMOS HACER CUANDO ESTAMOS DENTRO DEL AUTOBÚS ESCOLAR

Dentro del autobús escolar, debes ser responsable de ti y de tus actos.

Todos ganamos cuando trabajamos en equipo.

Debes permanecer sentado en todo momento.

Permanece seguro junto con los demás. La seguridad es primero.

Mantén tus manos y cuerpo en tu espacio personal.

Escucha y sigue las instrucciones que te dan.

14

¡El Sr. Cee tiene un amigo que ve todos los días en la iglesia y al que le dice el relámpago de los saltos!

SCHOOL BUS
16

LETRAS DE UN AUTOBÚS ESCOLAR

Seguridad
Mañanas Frescas
Ayudarnos los unos a los otros
Inspirarnos los unos a los otros
Obedecer las reglas
Escuchar al Conductor del Autobús
Escolar

Portarse lo mejor posible
¡Nosotros! Todos contamos
Mantenerse en su asiento

Dibuja en el Autobús

Todos somos tan diferentes, sin embargo, todos somos iguales.

SCHOOL
SCHOOL BUS
STOP
20

¡VAMOS A LA ESCUELA!

Casas y paradas de autobuses
De camino a la escuela
Vemos gatos, perros, osos y venados.
¡Sí! ¡Venados!

ALTO
22

No es un pájaro
No es un avión
Es nuestro super conductor
de autobús escolar
¡Su nombre es el Sr. Cee!

Mr.
Cee

¡ES HORA DEL AUTOBÚS ESCOLAR!

¿ESTÁS LISTO PARA IR?

AUTOBÚS ESCOLAR

El ABCedario en el Autobús Escolar

Activo	Corazón
Balance	Heridas
Control	Alegría
Direcciones	Amabilidad
Esfuerzo	Lealtad
Amigable	Modales
Metas	

El ABCedario en el Autobús Escolar

Limpio	Unidad
Otros	Expresión
Felicita	Caminar
Silencio	Genial
Reglas	Acogedor
Seguridad	Si
Equipo	Zona

¡Conoce al Sr. Cee!

Los ingredientes del Sr. Cee

Información Nutricional del Autobús Escolar

Tamaño de Porción:1 Conductor de Autobús Fantástico

Cantidad Por Porción: 2 Conductores de Autobús completos

Trabajadores	**100%**
Bondadosos	**100%**
Conductores Expertos	**100%**
Pacientes	**100%**
Vigilantes	**100%**
Accidentes	**0%**

Sin infracciones de tráfico

Presente todos los días

Valores basados en habilidades de conducción únicas.

¡Ven a la escuela listo para trabajar!

¿Cuáles son algunas de las figuras geométricas en el autobús escolar?

SCHOOL BUS
ALTO
32

¡Escucha y Pon Atención!

El Sr. Cee comparte sus consejos de seguridad con los estudiantes en la escuela.

Todos deben escuchar con atención.

El autobús escolar cuenta con seis salidas de seguridad que se pueden usar en caso de emergencia.

*Dos salidas de emergencia en el techo del autobús
*Dos salidas de emergencia en el lado izquierdo y lado derecho del autobús
*Salida de Emergencia en la Puerta Frontal
*Salida de Emergencia en la Puerta Trasera

SCHOOL
SCHOOL BUS
STOP
34

Revisa Tu Autobús Escolar

El Sr. Cee revisa todas sus luces y
señales
Dentro y fuera
Alrededor
Desde el frente del autobús hacia la
Parte de atrás del autobús
Y todo estaba bien

36

Datos Importantes Sobre el Autobús Escolar

Pregunta:
¿Porqué el autobús escolar es amarillo?

Respuesta:
El color amarillo significa
alerta/precaución.
Este color sobresale en la calle y reduce
la posibilidad de accidentes, permitiendo
que los estudiantes lleguen a la escuela y
a la casa sanos y salvos.

Cualquiera puede conducir un auto, pero solo una persona especial puede conducir un autobús escolar.

¡Arriba Conductores de Autobuses Escolares Arriba!

ALTO NO DEBES REBASAR UN AUTOBÚS ESCOLAR

ES MORTAL. ES ILEGAL

¡Cuando veas las luces rojas intermitentes parpadear, no vayas a pasar!

ALTO NO DEBES REBASAR UN AUTOBÚS ESCOLAR

ES MORTAL. ES ILEGAL

¡Cuando veas las luces rojas intermitentes parpadear, no vayas a pasar!

Canción En el Autobús

Por Carluse Baird

¡En el autobús, en el autobús!
Hay mucho que ver en el autobús
¡En el autobús, en el autobús!
¡Hay un asiento para ti y para mi en el autobús!

Cerramos la puerta
Y listo nos vamos
Hacia la escuela
Seguimos la regla de oro

¡En el autobús, en el autobús!
¡Hay mucho que ver en el autobús!

¡Corre, corre, corre!
Lo tomamos bien y lento

¡En el autobús, en el autobús!
Hay mucho que ver en el autobús!

Acerca del Autor
Carluse Baird

Carluse Baird es un autor nuevo y prometedor. Es un esposo devoto con 28 años de matrimonio. Casado con su mejor amiga, Ramona, y padre de cuatro: Marquita, Darvin, Marissa y Cyesha, así como abuelo de 13 nietos. Él vive en la ciudad de Asheville, en Carolina del Norte. Ha estado trabajando para el sistema escolar del Distrito de Buncombe por muchos años. Tiene un gran cariño por los niños y la gente joven. Carluse es un líder de jóvenes y funge como presidente de los departamentos juveniles locales y distritales de su iglesia. El ha trabajado con niños desde hace más de 30 años y ha sido un conductor de autobús escolar por más de seis años. Carluse dice que ha sido una travesía y que le encanta.

Principalmente, èl le agradece a Dios por darle la habilidad de conducir el autobús escolar ya que esto requiere mucha paciencia, dedicación, y arduo trabajo. Carluse no tiene el control de lo que hacen los otros conductores de autos en la calle pero él se mantiene alerta y listo para cualquier cosa que se atraviese en su camino. Con la ayuda de Dios, Carluse está dedicado y enfocado en asegurarse de que los estudiantes lleguen a la escuela y a la casa sanos y salvos. Uno de los pasajes bíblicos favoritos de Carluse es Filipenses 4:13 (KJV),
"Todo lo puedo en Cristo que me fortalece".

SCHOOL
SCHOOL BUS
STO

Mr.

SCHOOL BUS
STOP

SCHOOL
SCHOOL BUS